La casita que no perdió la Esperanza
Segunda edicion

Es una conmovedora parábola actual para cualquier persona de cualquier edad que necesita ser inspirado y animado, especialmente aquellos que se han sentido abandonados, intimidados o desesperados. También aborda las consecuencias negativas y efectos que el consumo de drogas puede tener en una familia.

El libro está disponible en:
Tapa dura, rústica, PDF y un libro para colorear.

Compra en el sitio web de:
Libros Copilotos Website breakfreestayfree.com/books

Los ingresos generados a través de los libros ayudan a los niños a reconocer el peligro de la adicción.

También escrito por Nita Brady

The Dragonslayers Club es una historia basada en hechos sobre un club especial donde algunos estudiantes se enteraron de que no estaban solos, pudieron obtener la ayuda que necesitaban desesperadamente, y también ayudarnos unos a otros.

Zeeko, The Bunny Who Lost His Way es una buena introducción para los niños pequeños (de 6 a 10 años) para comprender los peligros de las drogas y sus consecuencias negativas.

La casita que no perdió la Esperanza

Segunda edicion

Escrito por
Nita Brady

Ilustrado por **Ruth McKinsey**

Traducido por **Ruby Luna Lopez**

La casita que no perdió la Esperanza
Segunda edicion
Derechos de autor © 2020
Nita Brady

Comentarios - correo electrónico del autor:
Nitab.sos@gmail.com
Sitio web: www.familyinmatesupport.com

Ilustradora: Ruth McKinsey

ISBN:
Paper 978-1-950768-19-6
Hardcover 978-1-950768-20-2
Papel posterior 978-1-950768-41-7
Tapa dura 978-1-950768-42-4

WingMan Books, es una división de
Addiction Resource Systems, Inc.
Dedicado a educar a niños de todas las edades
sobre los peligros de la adicción.

Prensa de prosa - Prose Press
Pawleys Island, SC
prosencons@live.com

*Este libro está dedicado a los niños
de todo el mundo que necesitan
ser animados.*

Esta es la historia de una casita especial en una calle llamada Magnolia, en un lugar llamado Anytown, EE. UU. Antes de que te cuente acerca de la casita, déjame hablarte de la calle Magnolia. Se llamaba con razón Magnolia porque tenía magníficos árboles de magnolia que se alineaban a ambos lados de la calle, y a causa de eso, había mucha sombra, lo que la convirtió en una de las calles más agradables para caminar en Anytown, EE. UU. También había muchas casas preciosas en la calle Magnolia, donde vivían y jugaban adultos, niños, perros y gatos, quienes la disfrutaron mucho.

Las casas de la calle Magnolia eran todas únicas, no había dos iguales. Algunas eran grandes, algunas eran pequeñas, algunas eran bastante formales y otras más simples. Pero todas eran encantadoras con céspedes bellamente cuidados. Todo, es decir, excepto una. Y esta es su historia.

Esta casa ha vivido en la calle Magnolia durante algún tiempo, y se destacó de todas los demás. ¿Por qué?, te preguntas, ¿Era mejor que el resto? ¿Más colorida? ¿Más grande? ¿Patio más bonito? No. Ninguno de estos. Esta casita se destacó de todos los demás por su fealdad. Estaba extremadamente deteriorada, con su pintura descascarada, sus jardineras agrietadas y podridas, su patio lleno de suciedad y malezas: a diferencia de todas las demás que tenían hermosos jardines verdes. Ella tenía un cercado que en un momento se mantuvo perfectamente derecho y alto. Pero ahora se inclinó hacia un lado. Esto solo se sumó a la apariencia deteriorada de la casita.

Y para empeorar las cosas, algunos chicos malos que vivían en las casas de enfrente de la calle siempre gritaban malos nombres a la casita y tiraba piedras en sus ventanas hasta que se agrietaron y se rompieron. Pero esos chicos no eran los únicos que intimidaron y se burlaron de la casita. Las casas en las que los chicos vivían recogieron este mal comportamiento y se unieron, especialmente las dos grandes casas estilo mansión al otro lado de la calle. ¡Esas fueron las peores!

"Mírala", gritaba una de las grandes casas a la otra. "¡Es toda una vergüenza!" ''Seguro que sí", la otra casa estaba de acuerdo. "Ella en verdad pertenece al basurero ". Oye, ese es un nombre perfecto para ella: ¡Basurita! " y gritaron ese nombre feo una y otra vez. "Cualquier día vienen con una bola de demolición y se llevan tus partes en mal estado al basurero. Ja, ja ¡No podemos esperar a ese día! ¡Eres una monstruosidad, eso es lo que eres! Basuritas el Monstruo ¡Basurita tan fea que hasta duele mirarla! " gritaron una y otra vez.

La casita trató de ignorar esta burla, pero a veces era muy difícil. Especialmente cuando pensaba en los tiempos en los que no era tan fea y andrajosa. Cuando pensaba en aquellos tiempos en que su familia vivía allí, las lágrimas comenzaron a rodar por sus paredes y pensó que podría morir del dolor. Cuando las otras dos casas malas pasando la calle vieron sus paredes manchadas de lágrimas, se burlaban de ella aún más. "Oye Basurita, ahora te ves peor! ¡Eres un fracaso! Oye ¡Creo que escuché esa bola de demolición! " Y se reían de una manera muy maliciosa.

No, la casita no siempre había sido así. Pensó en los tiempos cuando los niños de la familia jugaban en su exuberante césped. Ella recordó

cuando la madre plantó un jardín en el patio trasero, ¡La familia disfrutó de flores y vegetales! Y cuando llegó la Navidad, la decoraron muy bien con luces de colores brillantes, pusieron una corona de acebo en su puerta, muérdago en la parte superior de sus puertas, y un hermoso árbol de Navidad que todos podrían ver desde la ventana de enfrente. Y le encantaba escuchar a la familia hablar sobre lo que llamaron "La historia de la Navidad", acerca de cómo un bebé llamado Jesús entró en el mundo, nacido en un pesebre, en un establo donde vivían animales. Los niños preguntaban una y otra vez por qué Aquel que creó el mundo y todo en él, nació en un lugar así, y no en un palacio. La madre simplemente sonreía y decía que cuando Jesús vino, Él fue un regalo de Dios para todas las personas: ricos o pobres: era amor que descendía del cielo. La casita no entendía todas esas cosas por completo, pero le encantaba escuchar la historia y ver cuán feliz hacia su familia.

Sí, esos fueron tiempos grandiosos! Tiempos en los que la familia se reunía en la mesa y se reían, y los niños contaban historias acerca de su colegio. ¡Oh, cuánto amor se compartió alrededor de su mesa!

Pero sus momentos favoritos eran cuando la familia se reunía para trabajar, en ¡Ella! Pulieron sus pisos, limpiaron sus paredes, barrieron su cocina, limpiaron sus baños, barrió su porche delantero, cortó el césped y regó las flores en sus jardineras. ¡Le encantaba cuando su familia la cuidaba tan bien y la hizo brillar!

Y luego, un día, se fueron. Fue un día muy triste y confuso cuando se marcharon. Había escuchado muchos gritos y llantos la noche anterior, y ¡Mucha prisa y azotes de puertas! Luego vino la policía y se llevaron al padre! No entendía qué demonios estaba sucediendo! Pero recordaba haber escuchado a la madre gritar algo sobre una palabra que nunca había escuchado antes: drogas. Y mientras la policía tomaba al padre lejos, la madre le gritó: "Oh, ¿cómo pudiste hacernos esto?" Los niños también lloraban, y eso entristecía y asustaba a la casita. Lo que sea que esa cosa llamada "drogas" era, ¡debe ser muy mala! Estaba causando mucha tristeza y confusión y miedo.

Al día siguiente, la casita vigilaba a la familia. Vio al hijo con un mirada de enojo en su rostro, sus brazos cruzados, cabizbajo. Su hermana estaba llorando

y diciendo: "¿Por qué tenemos que mudarnos? ¡Amo esta casa! " Pero su madre solo la abrazó y dijo: "Lo siento mucho, cariño. Simplemente tenemos que irnos. Algún día, lo comprenderás." Entonces apareció un camión grande y se llevaron todos sus muebles.

Nunca olvidaría esa primera noche después de que la familia se fue. Era tan oscuro y tan silencioso y tan triste. Nadie para reunirse en la mesa, nadie para jugar en su césped. Nadie estaba jugando en sus pisos. Y empezó a llorar. Primero vino una lágrima, luego cubetadas de lágrimas fluyeron y llenaron las jardineras de sus ventanas.

"Ya, ya", las flores intentaron consolarla. "Ya regresarán". Pero ellos no

regresaron. ¡Esa cosa llamada "drogas" realmente lo arruinó todo!

Entonces, las malas casas al otro lado de la calle lo hicieron sentir aún peor cuando le dijeron, "¡Ja, ja! Lo vimos todo. ¡Tu dueño está preso ahora! ¡Que perdedor! ¡Nunca volverán! ¡Y tú también eres una perdedora!

Los días se convirtieron en meses, los meses en años. Las lluvias vinieron y latieron contra sus paredes. El calor llegó y secó su césped, volviéndolo de un color amarillo.

La casita empezó a deteriorarse cada vez más. Y más y más. Y las burlas de las casas grandes se hicieron cada vez más fuertes.

Pero hubo un momento brillante en su triste vida. Era la dulce casa de la siguiente puerta. No era grande y elegante como las casas al otro lado de la calle, pero estaba muy bien cuidada, sus patios cortados, flores alineadas en su camino, siempre alegre, siempre limpia. Pero lo que la hizo más atractiva fue su amabilidad. Ella siempre tenía una palabra de aliento para ella. "No escuches a esas casas malas ", decía."Tu corazón sigue siendo hermoso, y eso es lo más importante de todo. No te rindas. Sigue esperando, Casita. Cualquier día de éstos, algo bueno te va a suceder, ¡yo lo sé! Rezo todas las noches y todas las mañanas que Dios te envíe una nueva familia para amarte ".

"¿De verdad?" preguntó la casita.

Sí. Así que no te desesperes. No pierdas la esperanza. Yo si creo. Entonces, tú también tienes que creer ¿OK?" La casita pensó en esto durante mucho tiempo. Recordó las cosas que su familia había dicho acerca de Dios, y cómo Él amaba a todos. Tal vez incluso una pobre cosita fea como ella. Estas amables palabras de su amiga la animaron y le dio esperanza. Quizás ella tenía razón. Quizás no debería rendirse. Tal vez ella, también, debería orar por una nueva familia. Y lo hizo. Oraba día y noche. El tiempo pasó. Las burlas e insultos al otro lado de la calle continuaron. Pero la casita no perdió la esperanza.

Y luego, un día... todo cambió. Algunas personas llegaron a su puerta. ¿Quién puede ser? Nadie nunca llega a su puerta. Pero uno de ellos tenía una llave y abrió lentamente la puerta de su casa. Crujió ruidosamente porque nadie había abierto su puerta por mucho tiempo. Dos niños, un hombre y una mujer estaban con la persona que tenía la llave. Los niños caminaban con los ojos muy abiertos y el niño dijo: "Esta casa es aterradora. ¿Por qué la estamos mirando? " El hombre estuvo de acuerdo. "Salgamos de aquí", dijo con disgusto. "Estamos perdiendo el tiempo aquí. Este lugar es un basurero". Y la casita quería gritar: "¡No, no, no soy aterradora!" ¡No soy un basurero! ¡Me han descuidado porque mi familia me dejó! ¡Por favor quédate! Oh, no ¡por favor quédate!" Pero sabía que no podrían oírla, porque solo las casas pueden oírse unas a otras.

Pero luego la madre de los niños, que había estado caminando por la casita, abriendo puertas y mirando a su alrededor, se detuvo y dijo: "Espera, no hay que irnos todavía, vamos a quedarnos un poco más. Hay algo que se siente muy, muy familiar con esta casa, algo sobre la forma en que está construida. Me recuerda tanto a la casa en la que crecí, solo unas calles de aquí, en la calle Sycamore. Y solo mira esta hermosa calle, con todos los hermosos árboles de magnolia. Es un lindo vecindario".

La casita había estado escuchando muy de cerca esta conversación. "¡La calle Sycamore!" él pensó. "Oh, Dios mío, ¡Mi madre vivía en la calle Sycamore!" ¿Realmente podría ser posible...? ¿Vivía esta amable mujer en la casa que era su madre? ¿Jugaba y se reía dentro de las paredes de su madre y jugaba en su patio trasero cuando era niña?

"Creo que todo lo que necesita es un poco de TAC", dijo. "¿TAC?" se preguntó la casita. "¿Qué es este TAC que la señora cree que yo necesito?" "Esta casa necesita más que TAC, y costaría mucho dinero", dijo el hombre. Entonces la señora respondió: "Bueno, costaría mucho más comprar una casa nueva, ¿no es así? "

En ese momento, el niño que había vagado por el patio trasero mientras sus padres estaban hablando, entró de nuevo en la casa. "¡Mamá! ¡Papá! ¡Vengan a mirar afuera del patio! ¡ES ENORME! ¡Y parece que alguien construyó un fuerte aquí también! ¡Es bastante genial! ¡Vamos, tienen que verlo! "

Los padres sonrieron, luego salieron y miraron el gran patio trasero. Cuando vieron a sus hijos jugando felices, se miraron. El padre se frotó la barbilla y dijo: "Bueno, tal vez tengas razón. Tal vez podamos conseguir algunos amigos y familiares para ayudarnos, porque va a necesitar MUCHO TAC. Se volvió hacia la señora con la llave, "Está bien, supongo que la aceptaremos", dijo. Su esposa sonrió y sus hijos saltaron arriba y abajo, aplaudiendo y riendo.

¡Se quedarán! ¡Se quedarán! " pensó emocionada la casita. Ella quería cantar y bailar y llorar de alegría. Entonces, de repente, pensó: "Bueno, supongo que ya descubriré qué es este TAC. Espero que no duela demasiado ni dure mucho. ¡Pero me quieren! ¡Me quieren! Incluso con toda mi pobreza y fealdad, ¡me quieren! " Entonces recordó lo que la amable casa de alado le había dicho, que nunca perdiera la esperanza, que siguiera creyendo, que siguiera orando. Él sintió gozo corriendo a través de sus tablas del piso, sus paredes, su techo, mientras giraba sus ventanas hacia el cielo. "¡Me escuchas! ¡ Si te importo! Incluso una fea y en mal estado casa como yo! "Y esta vez lloró lágrimas de alegría.

En ese momento, los chicos malos salieron corriendo de sus casas malas. "Oye, vi algunas personas mirando este basurero al otro lado de la calle, ¿las viste?"

"Sí, sí las vi", respondió el otro chico malo. ¿Pero quién en este mundo querría esta casa fea y repugnante? ¡Probablemente estén haciendo planes para derribarla! "

Entonces, por supuesto, las casas malas se unieron, tratando de apagar el espíritu de la pequeña casa. "¡Oh, SEGURO, te quieren! ¿Por qué te querrían, Basurita? Escuché que miraron a mi primo en la calle Vine. Estoy seguro de que lo elegirán en lugar de ti ¡Basurita el monstruo, Basurita el monstruo! "Se burlaron de ella."Nadie te quiere … ¡Estoy seguro de que esta vez si escuche la bola de demolición!"

Pero sus palabras no pudieron lastimar a la casita esta vez. Estaba llena de alegría, y por primera vez, sintió lástima por estas casas mezquinas. No tenían nada bueno o algo de alegría o esperanza en ellos. Las miró directamente y les dijo: "Están equivocadas. Esa familia me quiere, ya verán. Y saben qué, las perdono por decirme esas cosas. Sus palabras ya no dolerán. Lo siento por ustedes."

Las casas mezquinas se quedaron en silencio por un momento. Se miraron la una a la otra, luego miraron a la casita fea, y dijeron: "¿Sientes lástima por nosotros? ¡Eso es ridículo!"

En ese momento, una chica salió de la casa de al lado. Ella siempre fue dulce y amable, como su casa, que siempre fue tan alentadora y amable con la pequeña casa en mal estado. "Escuché lo que dijiste", les dijo a los chicos. "Nunca se sabe. Tal vez esa familia quiera comprarla y convertirla en su nuevo hogar. Solo necesita un poco de TAC".

Entonces la dulce casa llamó a las casas malas. "¿Por qué ustedes dos no se callan? " les regañó. "¿Nunca tienen nada bueno que decir?" Luego se volvió hacia la casita y abrió las contraventanas. "¡Estoy tan feliz por ti! Yo sabía que algún día tendrías una familia. ¡Te darán muchas TAC y será perfecto! "

Ahí estaba de nuevo. TAC. ¿Qué demonios era este TAC? Entonces, le preguntó a la casa amable y ella misteriosa y silenciosamente dijo: "Oh, lo descubrirás pronto. ¡Sólo espera y verás!" Cuando dijo esto, apenas pudo contener su alegría.

Así que finalmente llegó el día. Su nueva familia regresó y trajo montones y montones de amigos y familiares con ellos. Llevaban todo tipo de suministros de limpieza y herramientas y martillos y clavos y pintura, y todos cooperaron y

trabajaron juntos durante muchos días. La casita estaba tan feliz de escuchar todo el hablar y reír y bromear. No podía dejar de sonreír. Ella se preguntó si su nueva familia pudiera de alguna manera ver su sonrisa o sentir su felicidad

Al final de la semana, se había logrado mucho. Todos los amigos se fueron y la familia se paró frente a su casita para admirar todo su arduo trabajo. La casita tenía un nuevo trabajo de pintura, nuevas jardineras llenas de flores, nuevos pisos, un techo nuevo, ventanas nuevas e incluso un césped nuevo. "Yo digo", comentó la madre. "¡Parece que esta casita está sonriendo!" ¡Entonces, pueden verlo! Eso me hizo aún más feliz!

"Bueno", respondió el padre, "tenías razón, cariño. Todo lo que esta casa realmente necesitaba era un poco de TAC: Tiempo, Amor y Cariño ". Él sonrió y dijo: "Ahora entremos y convirtamoslo en algo más que una casa, ¡hagámoslo nuestro hogar!"

¡Así que eso fue todo! TAC: ¡era sinónimo de Tiempo Amor y Cariño! Afuera, bajo sus dos ventanas de enfrente, dos lágrimas cayeron sobre las nuevas flores. Los pequeños tulipanes levantaron la cabeza y dijeron: "Casita, ¿por qué están llorando? Ya no eres un desastre . ¡El TAC de la familia te transformó! ¡Eres hermosa!"

"Lo sé", dijo la casita mientras sonreía a través de las lágrimas. "Estoy tan contenta." Entonces tuvo muchos pensamientos sobre cómo Dios la veía y se preocupaba por ella. Incluso cuando todavía estaba hecha un desastre ... y cómo había escuchado los gritos de su pequeño corazón de la casa en mal estado, cómo no perdió la esperanza, cómo confió a Dios le enviaría una nueva familia. Y lo hizo. Seguramente Dios debe haber sido el Creador de este TAC. Luego pensó en su primer familia, en esa terrible algo llamado "drogas" que estropeó todo y molestó tanto a la familia. Él esperaba que el padre estuviera mejor y que la familia encontrará una nueva casa para que los amará como él los ama. Sabía lo que tenía que hacer, en ese mismo momento. Levantó sus ventanas al cielo y dijo una oración por su antigua familia, que Dios envíe a todos un poco de TAC, ayúdalos y déles algo de esperanza.

Pasó el tiempo, y luego, un día, la casita notó que un automóvil dejaba a una niña en frente de la amable casa de al lado. Algo en ella le resultaba familiar... llamó a la puerta principal, y la amable chica salió de su casa. La casita escuchó atentamente su conversación. Mientras escuchaba sus ventanas se hicieron un poco más grandes y pensó: "¡con razón me resulta familiar! ¡Es la chica que solía vivir aquí! "

"Bueno, las cosas están mejor ahora", la escuchó decir. "Vivimos en una casa al otro lado del pueblo. No es tan agradable como nuestra casa en la que solíamos vivir, pero está bien ".

Su amable amiga miró hacia abajo y preguntó en voz baja: "¿Cómo está tu papá, Tiffany?" La casita respiró hondo. Casi tenía miedo de escuchar lo que diría. Pero se inclinó un poco para poder escuchar un poco mejor. Tenía que saberlo.

Ella sonrió con una pequeña sonrisa triste. "Bueno, todavía está en prisión, pero está mejor. Me escribe y, a veces, hace dibujos y me los envía. Él dice que lamenta las decisiones que tomó y que le irá mejor. Eso espero."

Su amable amiga, que se llamaba Juliet, la abrazó y le dijo: "Oh, Tiffany, yo también lo espero. Tiffany miró hacia abajo y dijo tímidamente: "Hay algo más que me ha ayudado mucho también ".

"¿De verdad?" Los ojos de Juliet se agrandaron. "¿Qué es?"

Tiffany respondió sonriendo. "Bueno, he estado yendo a un grupo de apoyo."

"¿Qué es un grupo de apoyo?" Preguntó Juliette.

"Es un grupo de otros estudiantes que ... bueno, están pasando básicamente por lo mismo por lo que estoy pasando. Y nos ayudamos unos a otros. He hecho algunos nuevos amigos allí también", dijo Tiffany.

Juliette esbozó una gran sonrisa. "¡Eso suena muy bien, Tiffany! Un grupo de apoyo. Vaya, eso suena genial. ¡Estoy tan feliz por ti

Las niñas se abrazaron y luego Juliette dijo: "¿Quieres entrar y pasar el rato en mi habitación? ¡Tengo algunas cosas interesantes que quiero mostrarte!"

Cuando las niñas entraron, la amable casa llamó a la casita. "¿Escuchaste eso, Casita? Siempre hay esperanza. ¡Solo no debemos rendirnos! "

"¡Tienes razón! No podemos perder la esperanza. He estado orando para que Dios envíe a mi vieja familia un poco de TAC... ¡parece que lo hizo!" Y Tiffany está recibiendo ayuda, y parece que a su padre le va mejor!"

Entonces, de repente, las casas malvadas al otro lado de la calle gritaron: "¡Oye! Sólo porque tienes un poco de pintura, ¡no creas que eres lo mejor! ¡TODAVÍA eres una perdedora!

¡Y todavía somos más grandes y mejores que tú! Nunca serás tan bonita y hermosa como nosotras! ¡Hmmph!"

Pero la casita seguía sonriendo. Sus palabras no le molestaron en absoluto. Entonces, la amable casa de al lado que había escuchado estos comentarios mezquinos dijo: Ustedes dos nunca aprenderán, ¿verdad? Cállense, nadie quiere escucharles". Así que ellos simplemente se sentaron e hicieron pucheros porque no querían admitir que todo ese TAC hizo a la casita bastante impresionante. Y casi todos los días, todos los que caminaban por la calle Magnolia veían la casita,y decían cosas como: "Oh, vaya, ¡Mira esa casa! Realmente se destaca, ¿no? ¡Qué hermosa casa! ¡Por qué, incluso parece que está sonriendo! "

"TAC", suspiró la casita, "¡qué cosa tan maravillosa que Dios hizo!" Y pensó. "¿Qué pasaría si todo hombre, mujer, niño, animal, planta y casa pudiera TODOS experimentar el TAC y la esperanza de Dios? ¿Y si lo compartieran con otros? Qué mundo tan diferente sería ..."

Sí, de hecho, ¡qué mundo tan diferente sería!

Preguntas de discusión

- ¿Cómo es que la casita se volvió tan fea?

- ¿Qué le encantó de su primera familia?

- ¿Quién tomó una mala decisión en la historia? ¿Cuáles fueron las consecuencias?

- ¿Cómo se vieron afectados los demás por la mala decisión?

- ¿Quién fue malo con la casita?

- ¿Alguna vez alguien ha sido malo contigo?

- ¿Quién mostró bondad en la historia?

- ¿Qué consejo le dio la amable casa a la casita?

- ¿Cómo respondió la casita cuando se enteró de que iba a tener una nueva familia?

- ¿De qué estás agradecido en tu vida?

- ¿Cómo averiguó la casita que era TAC? ¿Quién dijo lo que significaba?

- Según la casita, ¿quién creó TAC?

- ¿Alguna vez ha experimentado TAC? ¿Lo has compartido con alguien más?

- ¿Crees que este sería un mundo mejor si todos experimentaran el TAC y nunca perdieran la esperanza?

- ¿Quién o qué nos ayudará a tomar buenas decisiones en la vida?

Libros Copiloto
Disponibles en algunas tiendas locales
Y todas las tiendas en línea

PARA NIŃOS

WingMan Chronicles 1 - Spike,
Christine Medicus and Bob O'Brien

WingMan Chronicles 2 - WingMan, Christine Medicus

Joyous Jayden, Christine Medicus

Billy the Bully Two, Pat David

Zeeko, The Bunny Who Lost His Way, Nita Brady

Zephyr the Dragonslayer, Christine Thomas Doran

The Little House Who Didn't Lose Hope, Nita Brady

When We Were Witches, Carol Bailey

PRE-ADOLESCENTES / ADOLESCENTES

The Dragon Slayers Club, Nita Brady

Choose Life, Christine Thomas Doran

Escoge Vida, Christine Thomas Doran

I Am Fixed, Pat David

Maddie's Choice, Christine Thomas Doran

ADULTO

Witness, Lee W. Hollingsworth

ESCUELAS y CONSEJEROS

The Dragon Slayers Club, Nita Brady

COPILOTO
Libérense – Manténganse Libres

El programa de libros Copiloto se ha creado para niños de todas las edades. Sabemos que los niños están expuestos a sustancias adictivas a edades más tempranas todos los años.

Nuestro objetivo es prevenir la adicción creando conciencia y elaborando historias e imágenes que sean divertidas e informativas.

Si podemos salvar a un solo niño de destruir su vida, consideraremos nuestros esfuerzos un éxito.

CPSIA information can be obtained
at www.ICGtesting.com
Printed in the USA
BVHW021209220621
610213BV00006B/923